I0135356

Réserve
Ye.

LES EPAVES

Tirage avec eau-forte frontispice de F. Rops, à

10 ex. chine;
250 ex. grand papier vergé de Hollande; les uns et les
autres numérotés.

—

N° 38

Ⓐ

EXPLICATION

DU FRONTISPICE

Sous le Pommier fatal, dont le tronc-squelette rappelle
la déchéance de la race humaine, s'épanouissent les Sept
Péchés Capitaux, figurés par des plantes aux formes et aux
attitudes symboliques. Le Serpent, enroulé au bassin du
squelette, rampe vers ces *Fleurs du Mal*, parmi lesquelles
se vautre le Pégase macabre, qui ne doit se réveiller, avec
ses chevaucheurs, que dans la vallée de Josaphat.

Cependant une Chimère noire enlève au delà des airs le
médaillon du poëte, autour duquel des Anges et des Ché-
rubins font retentir le *Gloria in excelsis !*

L'Autruche en camée, qui avale un fer à cheval, au premier plan de la composition, est l'emblême de la Vertu, se
faisant un devoir de se nourrir des aliments les plus ré-
voltants :

VIRTUS DURISSIMA COQUIT.

LES
EPAVES

BIBLIOTHÈQUE NATIONALE DE R.F. IMPRIMÉS

CHARLES BAUDELAIRE

—

AVEC UNE EAU-FORTE FRONTISPICE DE FÉLICIEN ROPS

AMSTERDAM

A L'ENSEIGNE DU COQ

—

MDCCCLXVI

AVERTISSEMENT

DE L'ÉDITEUR

Ce recueil est composé de morceaux poéti-
ques, pour la plupart condamnés ou inédits,
auxquels M. Charles Baudelaire n'a pas cru
devoir faire place dans l'édition définitive des
Fleurs du Mal.

Cela explique son titre.

M. Charles Baudelaire a fait don, sans réserve, de ces poëmes, à un ami qui juge à

propos de les publier, parce qu'il se flatte de les goûter, et qu'il est à un âge où l'on aime encore à faire partager ses sentiments à des amis auxquels on prête ses vertus.

L'auteur sera avisé de cette publication en même temps que les deux cents soixante lecteurs probables qui figurent — à peu près, — pour son éditeur bénévole, le public littéraire en France, depuis que les bêtes y ont décidément usurpé la parole sur les hommes.

LES EPAVES

I

LE COUCHER DU SOLEIL ROMANTIQUE

I

LE COUCHER DU SOLEIL ROMANTIQUE

Que le Soleil est beau quand tout frais il se lève,
Comme une explosion nous lançant son bonjour!
— Bienheureux celui-là qui peut avec amour
Saluer son coucher plus glorieux qu'un rêve!

1.

Je me souviens!... J'ai vu tout, fleur, source, sillon,
Se pâmer sous son œil comme un cœur qui palpite...
— Courons vers l'horizon, il est tard, courons vite,
Pour attraper au moins un oblique rayon !

Mais je poursuis en vain le Dieu qui se retire ;
L'irrésistible Nuit établit son empire,
Noire, humide, funeste et pleine de frissons ;

Une odeur de tombeau dans les ténèbres nage,
Et mon pied peureux froisse, au bord du marécage,
Des crapauds imprévus et de froids limaçons (1).

(1) Le mot : *Genus irritabile vatum*, date de bien des siècles
avant les querelles des Classiques, des Romantiques, des Réalistes,
des Euphuistes, etc... Il est évident que par *l'irrésistible Nuit*
M. Charles Baudelaire a voulu caractériser l'état actuel de la lit-
térature, et que les *crapauds imprévus* et les *froids limaçons*
sont les écrivains qui ne sont pas de son école.

Ce sonnet a été composé en 1862, pour servir d'épilogue à un livre de M. Charles Asselineau, qui n'a pas paru : *Mélanges tirés d'une petite bibliothèque romantique;* lequel devait avoir pour prologue un sonnet de M. Théodore de Banville : *Le lever du soleil romantique.*

(Note de l'éditeur.)

PIÈCES CONDAMNÉES

TIRÉES DES *FLEURS DU MAL*

II

LESBOS

II

LESBOS (1)

Mère des jeux latins et des voluptés grecques,

Lesbos, où les baisers, languissants ou joyeux,

Chauds comme les soleils, frais comme les pastèques,

(1) Cette pièce et les cinq suivantes ont été condamnées en 1857, par le tribunal correctionnel, et ne peuvent pas être reproduites dans le recueil des *Fleurs du Mal*.

(*Note de l'éditeur.*)

Font l'ornement des nuits et des jours glorieux ;
Mère des jeux latins et des voluptés grecques,

Lesbos, où les baisers sont comme les cascades
Qui se jettent sans peur dans les gouffres sans fonds,
Et courent, sanglotant et gloussant par saccades,
Orageux et secrets, fourmillants et profonds ;
Lesbos, où les baisers sont comme les cascades !

Lesbos, où les Phrynés l'une l'autre s'attirent,
Où jamais un soupir ne resta sans écho,
A l'égal de Paphos les étoiles t'admirent,
Et Vénus à bon droit peut jalouser Sapho !
Lesbos, où les Phrynés l'une l'autre s'attirent,

Lesbos, terre des nuits chaudes et langoureuses,

Qui font qu'à leurs miroirs, stérile volupté !

Les filles aux yeux creux, de leurs corps amoureuses,

Caressent les fruits mûrs de leur nubilité ;

Lesbos, terre des nuits chaudes et langoureuses,

Laisse du vieux Platon se froncer l'œil austère ;

Tu tires ton pardon de l'excès des baisers,

Reine du doux empire, aimable et noble terre,

Et des raffinements toujours inépuisés.

Laisse du vieux Platon se froncer l'œil austère.

Tu tires ton pardon de l'éternel martyre,

Infligé sans relâche aux cœurs ambitieux,

Qu'attire loin de nous le radieux sourire

Entrevu vaguement au bord des autres cieux !
Tu tires ton pardon de l'éternel martyre !

Qui des Dieux osera, Lesbos, être ton juge
Et condamner ton frónt pâli dans les travaux,
Si ses balances d'or n'ont pesé le déluge
De larmes qu'à la mer ont versé tes ruisseaux?
Qui des Dieux osera, Lesbos, être ton juge?

Que nous veulent les lois du juste et de l'injuste?
Vierges au cœur sublime, honneur de l'archipel,
Votre religion comme une autre est auguste,
Et l'amour se rira de l'Enfer et du Ciel !
Que nous veulent les lois du juste et de l'injuste?

Car Lesbos entre tous m'a choisi sur la terre
Pour chanter le secret de ses vierges en fleurs,
Et je fus dès l'enfance admis au noir mystère
Des rires effrénés mêlés aux sombres pleurs ;
Car Lesbos entre tous m'a choisi sur la terre.

Et depuis lors je veille au sommet de Leucate,
Comme une sentinelle à l'œil perçant et sûr,
Qui guette nuit et jour brick, tartane ou frégate,
Dont les formes au loin frissonnent dans l'azur ;
Et depuis lors je veille au sommet de Leucate

Pour savoir si la mer est indulgente et bonne,
Et parmi les sanglots dont le roc retentit
Un soir ramènera vers Lesbos, qui pardonne,

Le cadavre adoré de Sapho, qui partit
Pour savoir si la mer est indulgente et bonne !

De la mâle Sapho, l'amante et le poëte,
Plus belle que Vénus par ses mornes pâleurs !
— L'œil d'azur est vaincu par l'œil noir que tachèle
Le cercle ténébreux tracé par les douleurs
De la mâle Sapho, l'amante et le poëte !

— Plus belle que Vénus se dressant sur le monde
Et versant les trésors de sa sérénité
Et le rayonnement de sa jeunesse blonde
Sur le vieil Océan de sa fille enchanté ;
Plus belle que Vénus se dressant sur le monde !

— De Sapho qui mourut le jour de son blasphème,

Quand, insultant le rite et le culte inventé,

Elle fit son beau corps la pâture suprême

D'un brutal dont l'orgueil punit l'impiété

De celle qui mourut le jour de son blasphème.

Et c'est depuis ce temps que Lesbos se lamente,

Et, malgré les honneurs que lui rend l'univers,

S'enivre chaque nuit du cri de la tourmente

Que poussent vers les cieux ses rivages déserts !

Et c'est depuis ce temps que Lesbos se lamente !

III

FEMMES DAMNEES

DELPHINE ET HIPPOLYTE

III

FEMMES DAMNEES

DELPHINE ET HIPPOLYTE

A la pâle clarté des lampes languissantes,
Sur de profonds coussins tout imprégnés d'odeur,
Hippolyte rêvait aux caresses puissantes
Qui levaient le rideau de sa jeune candeur.

Elle cherchait, d'un œil troublé par la tempête,

De sa naïveté le ciel déjà lointain,

Ainsi qu'un voyageur qui retourne la tête

Vers les horizons bleus dépassés le matin.

De ses yeux amortis les paresseuses larmes,

L'air brisé, la stupeur, la morne volupté,

Ses bras vaincus, jetés comme de vaines armes,

Tout servait, tout parait sa fragile beauté.

Etendue à ses pieds, calme et pleine de joie,

Delphine la couvait avec des yeux ardents,

Comme un animal fort qui surveille une proie,

Après l'avoir d'abord marquée avec les dents.

Beauté forte à genoux devant la beauté frêle,

Superbe, elle humait voluptueusement

Le vin de son triomphe, et s'allongeait vers elle,

Comme pour recueillir un doux remercîment.

Elle cherchait dans l'œil de sa pâle victime

Le cantique muet que chante le plaisir,

Et cette gratitude infinie et sublime

Qui sort de la paupière ainsi qu'un long soupir.

— « Hippolyte, cher cœur, que dis-tu de ces choses?

Comprends-tu maintenant qu'il ne faut pas offrir

L'holocauste sacré de tes premières roses

Aux souffles violents qui pourraient les flétrir?

Mes baisers sont légers commes ces éphémères

Qui caressent le soir les grands lacs transparents,

Et ceux de ton amant creuseront leurs ornières

Comme des chariots ou des socs déchirants;

Ils passeront sur toi comme un lourd attelage

De chevaux et de bœufs aux sabots sans pitié...

Hippolyte, ô ma sœur! tourné donc ton visage,

Toi, mon âme et mon cœur, mon tout et ma moitié,

Tourne vers moi tes yeux pleins d'azur et d'étoiles!

Pour un de ces regards charmants, baume divin,

Des plaisirs plus obscurs je lèverai les voiles

Et je t'endormirai dans un rêve sans fin! »

Mais Hippolyte alors, levant sa jeune tête :

— « Je ne suis point ingrate et ne me repens pas,

Ma Delphine, je souffre et je suis inquiète,

Comme après un nocturne et terrible repas.

Je sens fondre sur moi de lourdes épouvantes

Et de noirs bataillons de fantômes épars,

Qui veulent me conduire en des routes mouvantes

Qu'un horizon sanglant ferme de toutes parts.

Avons-nous donc commis une action étrange ?

Explique, si tu peux, mon trouble et mon effroi :

Je frissonne de peur quand tu me dis : « Mon ange ! »

Et cependant je sens ma bouche aller vers toi.

Ne me regarde pas ainsi, toi, ma pensée !

Toi que j'aime à jamais, ma sœur d'élection,

Quand même tu serais une embûche dressée

Et le commencement de ma perdition ! »

Delphine secouant sa crinière tragique,

Et comme trépignant sur le trépied de fer,

L'œil fatal, répondit d'une voix despotique :

— « Qui donc devant l'amour ose parler d'enfer ?

Maudit soit à jamais le rêveur inutile

Qui voulut le premier, dans sa stupidité,

S'éprenant d'un problème insoluble et stérile,

Aux choses de l'amour mêler l'honnêteté !

Celui qui veut unir dans un accord mystique

L'ombre avec la chaleur, la nuit avec le jour,

Ne chauffera jamais son corps paralytique

A ce rouge soleil que l'on nomme l'amour !

Va, si tu veux, chercher un fiancé stupide ;

Cours offrir un cœur vierge à ses cruels baisers ;

Et, pleine de remords et d'horreur, et livide,

Tu me rapporteras les seins stigmatisés...

On ne peut ici-bas contenter qu'un seul maître ! »

Mais l'enfant, épanchant une immense douleur,

Cria soudain : « — Je sens s'élargir dans mon être

Un abime béant ; cet abime est mon cœur !

5.

Brûlant comme un volcan, profond comme le vide !
Rien ne rassasiera ce monstre gémissant
Et ne rafraîchira la soif de l'Euménide
Qui, la torche à la main, le brûle jusqu'au sang.

Que nos rideaux fermés nous séparent du monde,
Et que la lassitude amène le repos !
Je veux m'anéantir dans ta gorge profonde
Et trouver sur ton sein la fraîcheur des tombeaux ! »

— Descendez, descendez, lamentables victimes,
Descendez le chemin de l'enfer éternel !
Plongez au plus profond du gouffre, où tous les crimes,
Flagellés par un vent qui ne vient pas du ciel,

Bouillonnent pêle-mêle avec un bruit d'orage.

Ombres folles, courez au but de vos désirs;

Jamais vous ne pourrez assouvir votre rage,

Et votre châtiment naîtra de vos plaisirs.

Jamais un rayon frais n'éclaira vos cavernes;

Par les fentes des murs des miasmes fiévreux

Filtrent en s'enflammant ainsi que des lanternes

Et pénètrent vos corps de leurs parfums affreux.

L'âpre stérilité de votre jouissance

Altère votre soif et roidit votre peau,

Et le vent furibond de la concupiscence

Fait claquer votre chair ainsi qu'un vieux drapeau.

Loin des peuples vivants, errantes, condamnées,
A travers les déserts courez comme les loups;
Faites votre destin, âmes désordonnées,
Et fuyez l'infini que vous portez en vous!

IV

LE LETHE

IV

LE LÉTHÉ

Viens sur mon cœur, âme cruelle et sourde,
Tigre adoré, monstre aux airs indolents;
Je veux longtemps plonger mes doigts tremblants
Dans l'épaisseur de ta crinière lourde;

Dans tes jupons remplis de ton parfum

Ensevelir ma tête endolorie,

Et respirer, comme une fleur flétrie,

Le doux relent de mon amour défunt.

Je veux dormir ! dormir plutôt que vivre !

Dans un sommeil aussi doux que la mort,

J'étalerai mes baisers sans remord

Sur ton beau corps poli comme le cuivre.

Pour engloutir mes sanglots apaisés

Rien ne me vaut l'abîme de ta couche;

L'oubli puissant habite sur ta bouche,

Et le Léthé coule dans tes baisers.

A mon destin, désormais mon délice,

J'obéirai comme un prédestiné ;

Martyr docile, innocent condamné,

Dont la ferveur attise le supplice,

Je sucerai, pour noyer ma rancœur,

Le népenthès et la bonne ciguë

Aux bouts charmants de cette gorge aiguë,

Qui n'a jamais emprisonné de cœur.

4

V

A CELLE QUI EST TROP GAIE

V

A CELLE QUI EST TROP GAIE

Ta tête, ton geste, ton air
Sont beaux comme un beau paysage ;
Le rire joue en ton visage
Comme un vent frais dans un ciel clair.

4.

Le passant chagrin que tu frôles

Est ébloui par la santé

Qui jaillit comme une clarté

De tes bras et de tes épaules.

Les retentissantes couleurs

Dont tu parsèmes tes toilettes

Jettent dans l'esprit des poëtes

L'image d'un ballet de fleurs.

Ces robes folles sont l'emblème

De ton esprit bariolé;

Folle dont je suis affolé,

Je te hais autant que je t'aime!

Quelquefois dans un beau jardin

Où je traînais mon atonie,

J'ai senti, comme une ironie,

Le soleil déchirer mon sein ;

Et le printemps et la verdure

Ont tant humilié mon cœur,

Que j'ai puni sur une fleur

L'insolence de la Nature.

Ainsi je voudrais, une nuit,

Quand l'heure des voluptés sonne,

Vers les trésors de ta personne,

Comme un lâche, ramper sans bruit,

Pour châtier ta chair joyeuse,

Pour meurtrir ton sein pardonné,

Et faire à ton flanc étonné

Une blessure large et creuse,

Et, vertigineuse douceur!

A travers ces lèvres nouvelles,

Plus éclatantes et plus belles,

T'infuser mon venin, ma sœur (1)!

(1) Les juges ont cru découvrir un sens à la fois sanguinaire et obscène dans les deux dernières stances. La gravité du Recueil excluait de pareilles *plaisanteries*. Mais *venin* signifiant spleen ou mélancolie, était une idée trop simple pour des criminalistes.

Que leur interprétation syphilitique leur resté sur la conscience,

(*Note de l'éditeur.*)

VI

LES BIJOUX

VI

LES BIJOUX

La très-chère était nue, et, connaissant mon cœur,
Elle n'avait gardé que ses bijoux sonores,
Dont le riche attirail lui donnait l'air vainqueur
Qu'ont dans leurs jours heureux les esclaves des Mores.

Quand il jette en dansant son bruit vif et moqueur,
Ce monde rayonnant de métal et de pierre
Me ravit en extase, et j'aime à la fureur
Les choses où le son se mêle à la lumière.

Elle était donc couchée et se laissait aimer,
Et du haut du divan elle souriait d'aise
A mon amour profond et doux comme la mer,
Qui vers elle montait comme vers sa falaise.

Les yeux fixés sur moi, comme un tigre dompté,
D'un air vague et rêveur elle essayait des poses,
Et la candeur unie à la lubricité
Donnait un charme neuf à ses métamorphoses;

Et son bras et sa jambe, et sa cuisse et ses reins,
Polis comme de l'huile, onduleux comme un cygne,
Passaient devant mes yeux clairvoyants et sereins;
Et son ventre et ses seins, ces grappes de ma vigne,

S'avançaient, plus câlins que les Anges du mal,
Pour troubler le repos où mon âme était mise,
Et pour la déranger du rocher de cristal
Où, calme et solitaire, elle s'était assise.

Je croyais voir unis par un nouveau dessin
Les hanches de l'Antiope au buste d'un imberbe,
Tant sa taille faisait ressortir son bassin.
Sur ce teint fauve et brun le fard était superbe!

— Et la lampe s'étant résignée à mourir,
Comme le foyer seul illuminait la chambre,
Chaque fois qu'il poussait un flamboyant soupir,
Il inondait de sang cette peau couleur d'ambre!

VII

LES MÉTAMORPHOSES DU VAMPIRE

VII

LES METAMORPHOSES DU VAMPIRE

La femme cependant, de sa bouche de fraise,
En se tordant ainsi qu'un serpent sur la braise,
Et pétrissant ses seins sur le fer de son busc,
Laissait couler ces mots tout imprégnés de musc :

— « Moi, j'ai la lèvre humide, et je sais la science

De perdre au fond d'un lit l'antique conscience.

Je sèche tous les pleurs sur mes seins triomphants,

Et fais rire les vieux du rire des enfants.

Je remplace, pour qui me voit nue et sans voiles,

La lune, le soleil, le ciel et les étoiles !

Je suis, mon cher savant, si docte aux voluptés,

Lorsque j'étouffe un homme en mes bras redoutés,

Ou lorsque j'abandonne aux morsures mon buste,

Timide et libertine, et fragile et robuste,

Que sur ces matelas qui se pâment d'émoi,

Les anges impuissants se damneraient pour moi ! »

Quand elle eut de mes os sucé toute la moelle,

Et que languissamment je me tournai vers elle,

Pour lui rendre un baiser d'amour, je ne vis plus

Qu'une outre aux flancs gluants, toute pleine de pus !

Je fermai les deux yeux, dans ma froide épouvante,

Et quand je les rouvris à la clarté vivante,

A mes côtés, au lieu du mannequin puissant

Qui semblait avoir fait provision de sang,

Tremblaient confusément des débris de squelette,

Qui d'eux-mêmes rendaient le cri d'une girouette

Ou d'une enseigne, au bout d'une tringle de fer,

Que balance le vent pendant les nuits d'hiver.

GALANTERIES

VIII

LE JET D'EAU

VIII

LE JET D'EAU

Tes beaux yeux sont las, pauvre amante!
Reste longtemps, sans les rouvrir,
Dans cette pose nonchalante
Où t'a surprise le plaisir.

Dans la cour le jet d'eau qui jase
Et ne se tait ni nuit ni jour,
Entretient doucement l'extase
Où ce soir m'a plongé l'amour.

La gerbe épanouie
En mille fleurs,
Où Phœbé réjouie
Met ses couleurs,
Tombe comme une pluie
De larges pleurs.

Ainsi ton âme qu'incendie
L'éclair brûlant des voluptés

S'élance, rapide et hardie,

Vers les vastes cieux enchantés.

Puis, elle s'épanche, mourante,

En un flot de triste langueur,

Qui par une invisible pente

Descend jusqu'au fond de mon cœur.

La gerbe épanouie

En mille fleurs,

Où Phœbé réjouie

Met ses couleurs,

Tombe comme une pluie

De larges pleurs.

O toi, que la nuit rend si belle,

Qu'il m'est doux, penché vers tes seins,

D'écouter la plainte éternelle

Qui sanglote dans les bassins!

Lune, eau sonore, nuit bénie,

Arbres qui frissonnez autour,

Votre pure mélancolie

Est le miroir de mon amour.

La gerbe épanouie

En mille fleurs,

Où Phœbé réjouie

Met ses couleurs,

Tombe comme une pluie

De larges pleurs.

IX

LES YEUX DE BERTHE

IX

LES YEUX DE BERTHE

Vous pouvez mépriser les yeux les plus célèbres,
Beaux yeux de mon enfant, par où filtre et s'enfuit
Je ne sais quoi de bon, de doux comme la Nuit!
Beaux yeux, versez sur moi vos charmantes ténèbres!

Grands yeux de mon enfant, arcanes adorés,
Vous ressemblez beaucoup à ces grottes magiques
Où, derrière l'amas des ombres léthargiques,
Scintillent vaguement des trésors ignorés !

Mon enfant a des yeux obscurs, profonds et vastes,
Comme toi, Nuit immense, éclairés comme toi !
Leurs feux sont ces pensers d'Amour, mêlés de Foi,
Qui pétillent au fond, voluptueux ou chastes.

X

HYMNE

X

HYMNE

A la très-chère, à la très-belle
Qui remplit mon cœur de clarté,
A l'ange, à l'idole immortelle,
Salut en l'immortalité !

Elle se répand dans ma vie
Comme un air imprégné de sel,
Et dans mon âme inassouvie
Verse le goût de l'éternel.

Sachet toujours frais qui parfume
L'atmosphère d'un cher réduit,
Encensoir oublié qui fume
En secret à travers la nuit,

Comment, amour incorruptible,
T'exprimer avec vérité?
Grain de musc qui gis, invisible,
Au fond de mon éternité!

A la très-bonne, à la très-belle,

Qui fait ma joie et ma santé,

A l'ange, à l'idole immortelle,

Salut en l'immortalité !

XI

LES PROMESSES D'UN VISAGE

XI

LES PROMESSES D'UN VISAGE

J'aime, ô pâle beauté, tes sourcils surbaissés,
    D'où semblent couler des ténèbres;
Tes yeux, quoique très-noirs, m'inspirent des pensers
    Qui ne sont pas du tout funèbres.

7.

Tes yeux, qui sont d'accord avec tes noirs cheveux,
  Avec ta crinière élastique,
Tes yeux, languissamment, me disent : « Si tu veux,
  Amant de la muse plastique,

Suivre l'espoir qu'en toi nous avons excité,
  Et tous les goûts que tu professes,
Tu pourras constater notre véracité
  Depuis le nombril jusqu'aux fesses ;

Tu trouveras au bout de deux beaux seins bien lourds,
  Deux larges médailles de bronze,
Et sous un ventre uni, doux comme du velours,
  Bistré comme la peau d'un bonze,

Une riche toison qui, vraiment, est la sœur

De cette énorme chevelure,

Souple et frisée, et qui t'égale en épaisseur,

Nuit sans étoiles, Nuit obscure! »

XII

LE MONSTRE

XII

LE MONSTRE

ou

LE PARANYMPHE D'UNE NYMPHE MACABRE

I

Tu n'es certes pas, ma très-chère,
Ce que Veuillot nomme un tendron.
Le jeu, l'amour, la bonne chère,

Bouillonnent en toi, vieux chaudron !

Tu n'es plus fraîche, ma très-chère,

Ma vieille infante ! Et cependant

Tes caravanes insensées

T'ont donné ce lustre abondant

Des choses qui sont très-usées,

Mais qui séduisent cependant.

Je ne trouve pas monotone

La verdeur de tes quarante ans ;

Je préfère tes fruits, Automne,

Aux fleurs banales du Printemps !

Non ! tu n'es jamais monotone !

Ta carcasse a des agréments
Et des grâces particulières ;
Je trouve d'étranges piments
Dans le creux de tes deux salières ;
Ta carcasse a des agréments !

Nargue des amants ridicules
Du melon et du giraumont !
Je préfère tes clavicules
A celles du roi Salomon (1),
Et je plains ces gens ridicules !

Tes cheveux, comme un casque bleu,
Ombragent ton front de guerrière,

(1) Voilà un calembour *salé !* Nous ne *cabalerons* pas contre.

(*Note de l'éditeur.*)

8

Qui ne pense et rougit que peu,

Et puis se sauvent par derrière

Comme les crins d'un casque bleu.

Tes yeux qui semblent de la boue,

Où scintille quelque fanal,

Ravivés au fard de ta joue,

Lancent un éclair infernal !

Tes yeux sont noirs comme la boue !

Par sa luxure et son dédain

Ta lèvre amère nous provoque ;

Cette lèvre, c'est un Eden

Qui nous attire et qui nous choque,

Quelle luxure ! et quel dédain !

Ta jambe musculeuse et sèche

Sait gravir au haut des volcans,

Et malgré la neige et la dèche

Danser les plus fougueux cancans (1).

Ta jambe est musculeuse et sèche ;

Ta peau brûlante et sans douceur,

Comme celle des vieux gendarmes,

Ne connaît pas plus la sueur

Que ton œil ne connaît les larmes.

(Et pourtant elle a sa douceur!)

(1) Sans doute une allusion à quelque particularité des *carava-nes* de cette dame.

M. Prévost-Paradol l'eût avertie qu'elle dansait le cancan sur un volcan.

(*Note de l'éditeur.*)

II

Sotte, tu t'en vas droit au Diable !

Volontiers j'irais avec toi,

Si cette vitesse effroyable

Ne me causait pas quelque émoi.

Va-t'en donc, toute seule, au Diable !

Mon rein, mon poumon, mon jarret

Ne me laissent plus rendre hommage

A ce Seigneur, comme il faudrait.

« Hélas ! c'est vraiment bien dommage ! »

Disent mon rein et mon jarret.

Oh! très-sincèrement je souffre
De ne pas aller aux sabbats,
Pour voir, quand il pète du soufre,
Comment tu lui baises son cas (1)!
Oh! très-sincèrement je souffre!

Je suis diablement affligé
De ne pas être ta torchère,
Et de te demander congé,
Flambeau d'enfer! Juge, ma chère,
Combien je dois être affligé,

(1) A la *Messe noire*. Comme ces poëtes sont superstitieux!

(*Note de l'éditeur.*)

Puisque depuis longtemps je t'aime,

Etant très-logique! En effet,

Voulant du Mal chercher la crème

Et n'aimer qu'un monstre parfait,

Vraiment oui! vieux monstre, je t'aime!

XIII

FRANCISCÆ MEÆ LAUDES

XIII

FRANCISCÆ MEÆ LAUDES

VERS COMPOSES POUR UNE MODISTE ERUDITE
ET DEVOTE (1)

Novis te cantabo chordis,
O novelletum quod ludis
In solitudine cordis.

(1) Le sous-titre de cette pièce, supprimé dans la seconde édition

Esto sertis implicata,

O femina delicata,

Per quam solvuntur peccata !

Sicut beneficum Lethe,

Hauriam oscula de te,

Quæ imbuta es magnete.

des *Fleurs du Mal,* se trouve dans la première avec la drôle de note suivante :

« Ne semble-t-il pas au lecteur, comme à moi, que la langue de la dernière décadence latine, — suprême soupir d'une personne robuste, déjà transformée et préparée pour la vie spirituelle, — est singulièrement propre à exprimer la passion, telle que l'a comprise et sentie le monde poëtique moderne? La mysticité est l'autre pôle de cet aimant, dont Catulle et sa bande, poëtes brutaux et purement épidermiques, n'ont connu que le pôle sensualité. Dans cette merveilleuse langue, le solécisme et le barbarisme me paraissent rendre les négligences forcées d'une passion qui s'oublie et se moque des

Quum vitiorum tempestas
Turbabat omnes semitas,
Apparuisti, deitas,

Velut stella salutaris
In naufragiis amaris.
— Suspendam cor tuis aris!

Piscina plena virtutis,
Fons æternæ juventutis,
Labris vocem redde mutis!

tègles. Les mots, pris dans une acception nouvelle, révèlent la mal-
adresse charmante du barbare du Nord, agenouillé devant la beauté
romaine. Le calembour lui-même, quand il traverse ces pédantesques
bégaiements, ne joue-t-il pas la grâce sauvage et baroque de l'enfance? » — C. B.

Quod erat spurcum, cremasti ;

Quod rudius, exæquasti ;

Quod debile, confirmasti !

In fame mea taberna,

In nocte mea lucerna,

Recte me semper guberna.

Adde nunc viris viribus,

Dulce balneum suavibus

Unguentatum odoribus !

Meos circa lumbos mica,

O castitatis lorica,

Aqua tincta seraphica ;

Patera gemmis corusca,

Panis salsus, mollis esca,

Divinum vinum, Francisca !

EPIGRAPHES

XIII

VERS POUR LE PORTRAIT

DE M. HONORE DAUMIER

XIII

VERS POUR LE PORTRAIT

DE M. HONORE DAUMIER (1)

Celui dont nous t'offrons l'image,

Et dont l'art, subtil entre tous,

(1) Ces stances ont été faites pour un portrait de M. Daumier,
gravé d'après le remarquable médaillon de M. Pascal, et reproduit

Nous enseigne à rire de nous,
Celui-là, lecteur, est un sage.

C'est un satirique, un moqueur;
Mais l'énergie avec laquelle
Il peint le Mal et sa séquelle,
Prouve la beauté de son cœur.

Son rire n'est pas la grimace
De Melmoth ou de Méphisto
Sous la torche de l'Alecto
Qui les brûle, mais qui nous glace.

dans le second volume de l'*Histoire de la caricature*, de M. Champ-
fleury, où cet écrivain a rendu justice au caricaturiste avec la raison
passionnée qui lui est habituelle.

(*Note de l'éditeur.*)

Leur rire, hélas! de la gaîté

N'est que la douloureuse charge;

Le sien rayonne, franc et large,

Comme un signe de sa bonté!

XV

LOLA DE VALENCE

XV

LOLA DE VALENCE (1)

Entre tant de beautés que partout on peut voir,
Je comprends bien, amis, que le désir balance ;
Mais on voit scintiller en Lola de Valence
Le charme inattendu d'un bijou rose et noir.

(1) Ces vers ont été composés pour servir d'inscription à un mer-

veilleux portrait de mademoiselle Lola, ballérine espagnole, par
M. Edouard Manet, qui, comme tous les tableaux du même peintre,
a fait esclandre. — La muse de M. Charles Baudelaire est si géné-
ralement suspecte, qu'il s'est trouvé des critiques d'estaminet pour
dénicher un sens obscène dans le *bijou rose et noir*. Nous croyons,
nous, que le poëte a voulu simplement dire qu'une beauté, d'un ca-
ractère à la fois ténébreux et folâtre, faisait rêver à l'association du
rose et du *noir*.

                                             (*Note de l'éditeur.*)

XVI

SUR *LE TASSE EN PRISON*

D'EUGENE DELACROIX

XVI

SUR *LE TASSE EN PRISON*

D'EUGÈNE DELACROIX

Le poëte au cachot, débraillé, maladif,
Roulant un manuscrit sous son pied convulsif,
Mesure d'un regard que la terreur enflamme
L'escalier de vertige où s'abîme son âme.

Les rires enivrants dont s'emplit la prison
Vers l'étrange et l'absurde invitent sa raison ;
Le Doute l'environne, et la Peur ridicule,
Hideuse et multiforme, autour de lui circule.

Ce génie enfermé dans un taudis malsain,
Ces grimaces, ces cris, ces spectres dont l'essaim
Tourbillonne, ameuté derrière son oreille,

Ce rêveur que l'horreur de son logis réveille,
Voilà bien ton emblême, Ame aux songes obscurs,
Qué le Réel étouffe éntre ses quatre murs !

1842.

PIECES DIVERSES

XVII

LA VOIX

XVII

LA VOIX

Mon berceau s'adossait à la bibliothèque,
Babel sombre, où roman, science, fabliau,
Tout, la cendre latine et la poussière grecque,
Se mêlaient. J'étais haut comme un in-folio.

Deux voix me parlaient. L'une, insidieuse et ferme,

Disait : « La Terre est un gâteau plein de douceur ;

Je puis (et ton plaisir serait alors sans terme !)

Te faire un appétit d'une égale grosseur. »

Et l'autre : « Viens ! oh ! viens voyager dans les rêves,

Au delà du possible, au delà du connu ! »

Et celle-là chantait comme le vent des grèves,

Fantôme vagissant, on ne sait d'où venu,

Qui caresse l'oreille et cependant l'effraie.

Je te répondis : « Oui ! douce voix ! » C'est d'alors

Que date ce qu'on peut, hélas ! nommer ma plaie

Et ma fatalité. Derrière les décors

De l'existence immense, au plus noir de l'abîme,

Je vois distinctement des mondes singuliers,

Et, de ma clairvoyance extatique victime,

Je traine des serpents qui mordent mes souliers.

Et c'est depuis ce temps que, pareil aux prophètes,

J'aime si tendrement le désert et la mer ;

Que je ris dans les deuils et pleure dans les fêtes,

Et trouve un goût suave au vin le plus amer ;

Que je prends très-souvent les faits pour des mensonges,

Et que, les yeux au ciel, je tombe dans des trous.

Mais la Voix me console et dit : « Garde tes songes !

Les sages n'en ont pas d'aussi beaux que les fous ! »

XVIII

L'IMPREVU

XVIII

L'IMPREVU (1)

Harpagon, qui veillait son père agonisant,
Se dit, rêveur, devant ces lèvres déjà blanches :

(1) Ici l'auteur des *Fleurs du Mal* se tourne vers la Vie Eter-
nelle.

Ça devait finir comme ça.

Observons que, comme tous les nouveaux convertis, il se montre
très-rigoureux et très-fanatique.

(Note de l'éditeur.)

« Nous avons au grenier un nombre suffisant,
    Ce me semble, de vieilles planches? »

Célimène roucoule et dit : « Mon cœur est bon,
Et naturellement, Dieu m'a faite très-belle. »
—Son cœur ! cœur racorni, fumé comme un jambon,
    Recuit à la flamme éternelle !

Un gazetier fumeux, qui se croit un flambeau,
Dit au pauvre, qu'il a noyé dans les ténèbres :
« Où donc l'aperçois-tu, ce créateur du Beau,
    Ce Redresseur que tu célèbres? »

Mieux que tous, je connais certain voluptueux

Qui bâille nuit et jour, et se lamente et pleure,

Répétant, l'impuissant et le fat : « Oui, je veux

    Être vertueux, dans une heure ! »

L'horloge, à son tour, dit à voix basse : « Il est mûr,

Le damné ! J'avertis en vain la chair infecte.

L'homme est aveugle, sourd, fragile, comme un mur

    Qu'habite et que ronge un insecte ! »

Et puis, Quelqu'un paraît, que tous avaient nié,

Et qui leur dit, railleur et fier : « Dans mon ciboire,

Vous avez, que je crois, assez communié,

    A la joyeuse Messe noire ?

Chacun de vous m'a fait un temple dans son cœur ;
Vous avez, en secret, baisé ma fesse immonde (1) !
Reconnaissez Satan à son rire vainqueur,
    Enorme et laid comme le monde !

Avez-vous donc pu croire, hypocrites surpris,
Qu'on se moque du maître, et qu'avec lui l'on triche,
Et qu'il soit naturel de recevoir deux prix,
    D'aller au Ciel et d'être riche ?

Il faut que le gibier paye le vieux chasseur
Qui se morfond longtemps à l'affût de la proie.

(1) Voir à propos de la *messe* et de la *fesse*, la *Sorcière*, de Michelet, la *Monographie du Diable*, de Charles Louandre, le *Rituel*

Je vais vous emporter à travers l'épaisseur,

   Compagnons de ma triste joie,

A travers l'épaisseur de la terre et du roc,

A travers les amas confus de votre cendre,

Dans un palais aussi grand que moi, d'un seul bloc,

   Et qui n'est pas de pierre tendre ;

Car il est fait avec l'universel Péché,

Et contient mon orgeuil, ma douleur et ma gloire! »

— Cependant, tout en haut de l'univers juché,

   Un Ange sonne la victoire

de la haute Magie, d'Eliphas Lévi, et, en général, tous les auteurs traitant de la sorcellerie, de la démonologie et du rit diabolique.

              (Note de l'éditeur.)

De ceux dont le cœur dit : « Que béni soit ton fouet,

Seigneur ! que la douleur, ô Père, soit bénie !

Mon âme dans tes mains n'est pas un vain jouet,

Et ta prudence est infinie. »

Le son de la trompette est si délicieux,

Dans ces soirs solennels de célestes vendanges,

Qu'il s'infiltre comme une extase dans tous ceux

Dont elle chante les louanges.

XIX

LA RANÇON

XIX

LA RANÇON

L'homme a, pour payer sa rançon,
Deux champs au tuf profond et riche,
Qu'il faut qu'il remue et défriche
Avec le fer de la raison;

Pour obtenir la moindre rose,
Pour extorquer quelques épis,
Des pleurs salés de son front gris
Sans cesse il faut qu'il les arrose.

L'un est l'Art, et l'autre l'Amour.
— Pour rendre le juge propice,
Lorsque de la stricte justice
Paraîtra le terrible jour,

Il faudra lui montrer des granges
Pleines de moissons, et des fleurs
Dont les formes et les couleurs
Gagnent le suffrage des Anges.

XX

A UNE MALABARAISE

XX

A UNE MALABARAISE

Tes pieds sont aussi fins que tes mains, et ta hanche
Est large à faire envie à la plus belle blanche;
A l'artiste pensif ton corps est doux et cher;
Tes grands yeux de velours sont plus noirs que ta chair,

Aux pays chauds et bleus où ton Dieu t'a fait naître,

Ta tâche est d'allumer la pipe de ton maître,

De pourvoir les flacons d'eaux fraîches et d'odeurs,

De chasser loin du lit les moustiques rôdeurs,

Et, dès que le matin fait chanter les platanes,

D'acheter au bazar ananas et bananes,

Tout le jour, où tu veux, tu mènes tes pieds nus,

Et fredonnes tout bas de vieux airs inconnus ;

Et quand descend le soir au manteau d'écarlate,

Tu poses doucement ton corps sur une natte,

Où tes rêves flottants sont pleins de colibris,

Et toujours, comme toi, gracieux et fleuris.

Pourquoi, l'heureuse enfant, veux-tu voir notre France,

Ce pays trop peuplé que fauche la souffrance,

Et, confiant ta vie aux bras forts des marins,

Faire de grands adieux à tes chers tamarins?

Toi, vêtue à moitié de mousselines frêles,

Frissonnante là-bas sous la neige et les grêles,

Comme tu pleurerais tes loisirs doux et francs,

Si, le corset brutal emprisonnant tes flancs,

Il te fallait glaner ton souper dans nos fanges

Et vendre le parfum de tes charmes étranges,

L'œil pensif, et suivant, dans nos sales brouillards,

Des cocotiers absents les fantômes épars!

1840.

BOUFFONNERIES

XXI

SUR LES DEBUTS D'AMINA BOSCHETTI

XXI

SUR LES DEBUTS D'AMINA BOSCHETTI

AU THEATRE DE LA MONNAIE, A BRUXELLES

Amina bondit, — fuit, — puis voltige et sourit ;
Le Welche dit : « Tout ça, pour moi, c'est du prâcrit ;
Je ne connais, en fait de nymphes bocagères,
Que celles de *Montagne-aux-Herbes-Potagères*. »

Du bout de son pied fin et de son œil qui rit,

Amina verse à flots le délire et l'esprit ;

Le Welche dit : « Fuyez, délices mensongères !

Mon épouse n'a pas ces allures légères. »

Vous ignorez, sylphide au jarret triomphant,

Qui voulez enseigner la walse à l'éléphant,

Au hibou la gaité, le rire à la cigogne,

Que sur la grâce en feu le Welche dit : « Haro ! »

Et que le doux Bacchus lui versant du bourgogne,

Le monstre répondrait : « J'aime mieux le faro ! »

1864.

XXII

A M. EUGENE FROMENTIN

A PROPOS D'UN IMPORTUN

QUI SE DISAIT SON AMI

XXII

A M. EUGENE FROMENTIN

A PROPOS D'UN IMPORTUN

QUI SE DISAIT SON AMI

Il me dit qu'il était très-riche,

Mais qu'il craignait le choléra ;

— Que de son or il était chiche,

Mais qu'il goûtait fort l'Opéra ;

— Qu'il raffolait de la nature,

Ayant connu monsieur Corot;

— Qu'il n'avait pas encor voiture,

Mais que cela viendrait bientôt;

— Qu'il aimait le marbre et la brique,

Les bois noirs et les bois dorés;

— Qu'il possédait dans sa fabrique

Trois contre-maîtres décorés;

— Qu'il avait, sans compter le reste,

Vingt mille actions sur le *Nord;*

— Qu'il avait trouvé, pour un zeste,

Des encadrements d'Oppenord;

— Qu'il donnerait (fût-ce à Luzarches!)

Dans le bric-à-brac jusqu'au cou,

Et qu'au Marché des Patriarches

Il avait fait plus d'un bon coup;

— Qu'il n'aimait pas beaucoup sa femme,

Ni sa mère; — mais qu'il croyait

A l'immortalité de l'âme,

Et qu'il avait lu Niboyet (1)!

— Qu'il penchait pour l'amour physique,

Et qu'à Rome, séjour d'ennui,

(1) Nous ne savons ce que vient faire ici M. Niboyet; mais
M. Baudelaire n'étant pas un esclave de la rime, nous devons sup-

Une femme, d'ailleurs phthisique,

Etait morte d'amour pour lui.

Pendant trois heures et demie,

Ce bavard, venu de Tournai,

M'a dégoisé toute sa vie ;

J'en ai le cerveau consterné,

S'il fallait décrire ma peine,

Ce serait à n'en plus finir ;

Je me disais, domptant ma haine :

« Au moins, si je pouvais dormir ! »

poser que *l'importun* s'est vanté d'avoir lu les œuvres de M. Niboyet, comme ayant tous les courages.

(Note de l'éditeur.)

Comme un qui n'est pas à son aise,
Et qui n'ose pas s'en aller,
Je frottais de mon cul ma chaise,
Rêvant de le faire empaler,

Ce monstre se nomme Bastogne ;
Il fuyait devant le fléau.
Moi, je fuirai jusqu'en Gascogne,
Ou j'irai me jeter à l'eau,

Si dans ce Paris, qu'il redoute,
Quand chacun sera retourné,
Je trouve encore sur ma route
Ce fléau, natif de Tournai,

Bruxelles, 1865.

XXIII

UN CABARET FOLATRE

SUR LA ROUTE DE BRUXELLES A UCCLE

XXIII

UN CABARET FOLATRE

SUR LA ROUTE DE BRUXELLES A UCCLE

Vous qui raffolez des squelettes

Et des emblêmes détestés,

Pour épicer les voluptés,

(Fût-ce de simples omelettes!)

14

Vieux Pharaon, ô Monselet (1) !
Devant cette enseigne imprévue,
J'ai rêvé de vous ; *A la vue*
Du Cimetière, Estaminet !

---

(1) La malice est cousue de fil blanc ; tout le monde sait que M. Monselet fait profession d'aimer à la rage le rose et le gai. — Un jour M. Monselet reprochait à M. Baudelaire d'avoir écrit ce vers abominable, à propos d'un pendu dont les oiseaux ont crevé le ventre :

Ses intestins pesants lui coulaient sur les cuisses.

« Mais, dit le poëte impatienté, je ne pouvais pas faire autrement. Le sujet voulait cela. Qu'auriez-vous préféré à cette image? — Une rose ! » répondit M. Monselet.

Cependant il ne faudrait pas croire que l'indispensable mélancolie ne perce pas de temps en temps sous ce vernis anacréontique. Nous avons vu récemment une petite composition de lui, où, se reprochant d'avoir rebuté une pauvresse, le poëte se met à sa recherche, et ne se couche que tout triste de ne l'avoir pu retrouver. Cette pièce est d'un homme vraiment sensible, même à jeun.

Regrettons que M. Monselet ne cède pas plus souvent à son tempérament lyrique, qu'une gaieté, tant soit peu artificielle, a trop souvent contrarié.

(*Note de l'éditeur.*)

TABLE

TABLE

TABLE   163

FIN DE LA TABLE.

TABLE   172

FIN DE LA TABLE.

www.ingramcontent.com/pod-product-compliance
Lightning Source LLC
Chambersburg PA
CBHW052055090426
42739CB00010B/2184